KB037515

시와 함께하는

2023 청목캘리그라피
표현과 조화

시와 함께하는

2023

청목캘리그라피
표현과 조화

청목 김상돈

푸른미디어

들어가는 글

투박하고 어눌하며 빈틈이 많은 경민대학교 성인학습자 22학번 詩 동아리 회원들의 가슴속 이야기를 모아 詩를 캘리그래피로 표현하여 빛나게 하고자 이 詩 캘리 디자인집을 출간하게 되었습니다. 그리고 또 다른 이 책의 출간 목적으로는 청목체를 사랑하는 제자들과 수강생, '청목캘리그라피' 유튜브 독자들에게 문장의 다양한 표현과 글의 흐름, 미적 표현 감각을 익히는 데 도움이 되고자 하였습니다.

캘리그래피는 아름다운 한글을 표현하는데 적절한 콘텐츠입니다.

'청목캘리그라피'의 청목체는 십수 년 동안 연구하고 체계를 잡은 아름다운 캘리그래피 글꼴입니다. 하지만 이 청목체는 배우기 어려운 캘리그래피입니다. 필압에 의한 선의 흐름이 많은 시간을 두고 연습해야

하기 때문입니다. 그러나 배우고 나면 누구도 흉내를 내기 어려운 아름다운 조형미를 연출하는 캘리그래피를 쓸 수 있습니다.

　이제 이 책의 詩와 청목캘리그라피의 작품을 통해 근대화 시대를 겪었던 성인학습자들의 감성을 공감하고, 그 안에 숨겨진 아픔과 사랑 그리고 情이 담긴 추억을 공유하는 시간을 함께 하길 기대합니다. 그리고 끝으로 시 동아리를 지도해 주신 시인 김미애 님께 감사의 마음을 전합니다.

2023년 6월

청목 김상돈

차례

들어가는 글 · 4

공안순

————

호는 '명경'으로 1955년 전남 고흥에서 태어났습니다.

청암고등학교를 졸업하고 경민대학교 자율전공과에 재학 중입니다.

글쓰기를 좋아하여 각종 대회에서 수상하기도 했으며,

사진 공모전에 출품하여 우수상을 타기도 하였습니다.

한국청목캘리그라피지도사1급을 취득하였으며,

성인학습지원센터에서 홍보업무를 지원하고 있습니다.

❀

봄 길

뜨개질

고목나무

집

늦가을

소풍같은 인생

고향생각

꽃

봄 길

경춘선을 따라가는 길
따스하고 온화한
봄을 알리는구나

신비롭게 새싹이
솟아오르고

어여쁜 홍매화
향기에 취하네

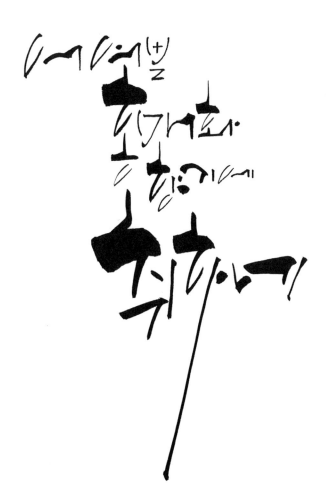

뜨개질

한 땀 한 땀 뜨개질로
목도리와 모자 코트를 떠
손주들에게 입혔다

주변에서 예술이라며
부러워했지

이젠 나이 탓
못 할 것 같아 아쉽다

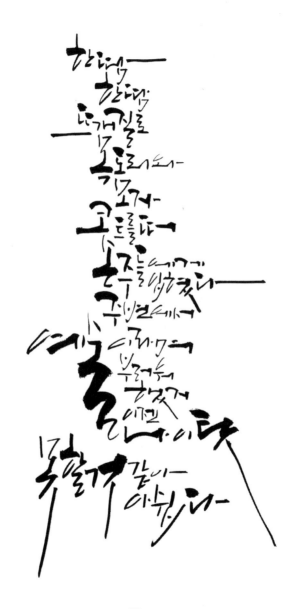

고목나무

백 년을 한자리에 앉아
마을을 지켜준
장엄한 고목나무

우리네
삶을 넉넉히 받아주네

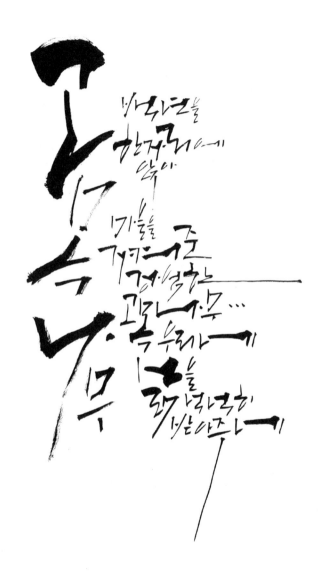

집

생 솔가지 꺾어다
군불지펴 쇠죽 쑤고

그 연기 너무 매워
앞을 가려 눈 못 뜨네

앞마당에 달구 새끼
널은 곡식 파헤치고

뒤뜰 논 시밭 신바람난 강아지

부모 형제 같이 살던 집
그 시절 그 모습이 그립구나

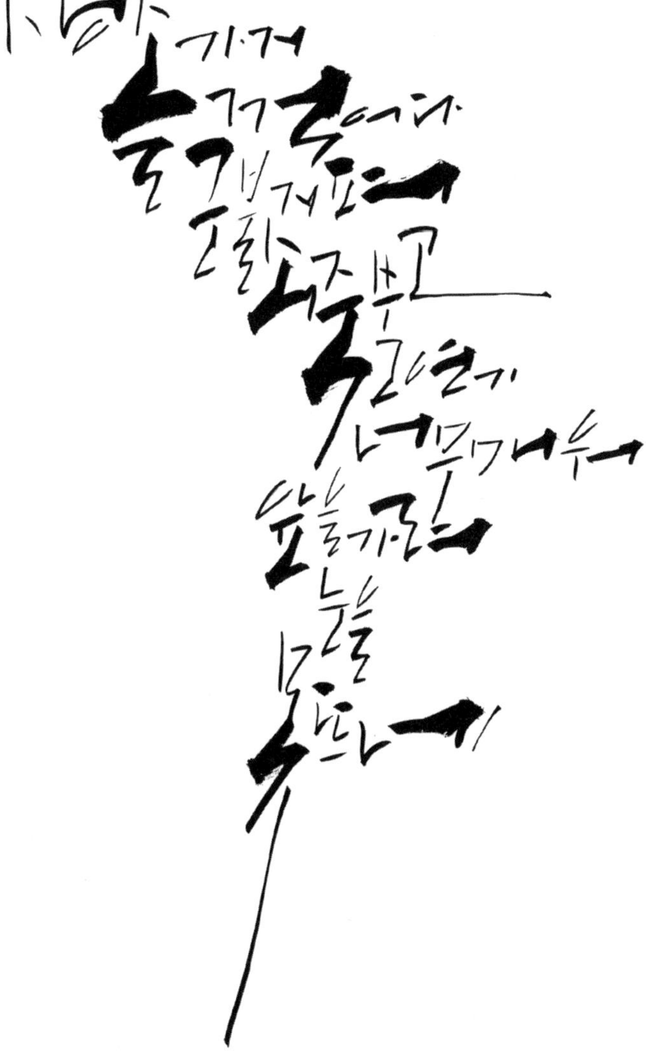

늦가을

쌀쌀한 바람 불면
겨울인 듯 쓸쓸하고

온화한 햇살에는
가을인 듯 미소 짓네

곱게 물든 단풍은
낙엽 되어 떨어지니

바라보는 내 마음
겨울 손님 맞이하네

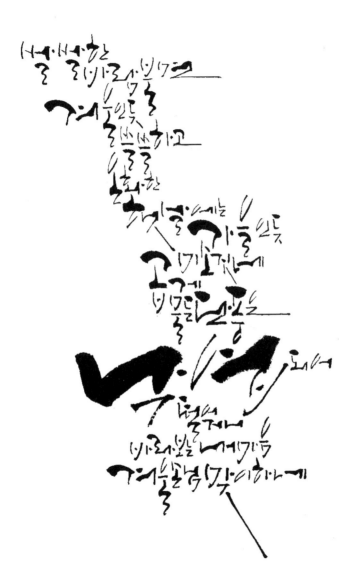

21

소풍같은 인생

흘러가는 구름처럼
스쳐가는 바람처럼
잡지 못한 세월

지금의 나의 삶은
소풍 나온 소녀 같네

붙잡을 수 없는
하루하루가 소중한 시간

설렘으로 옮긴 발길
경민에서 익어가네

고향생각

잠자리에 누워 눈 감아도
떠오르는 그리운 내 고향

따뜻한 봄이 오면
소 몰고 쟁기지고
일터로 나가신 아버지

논시밭에 김매고 씨앗 뿌려
호미로 흙을 덮는 어머니

철이 없는 아이들은
뛰어노느라 시간 간 줄 모르네

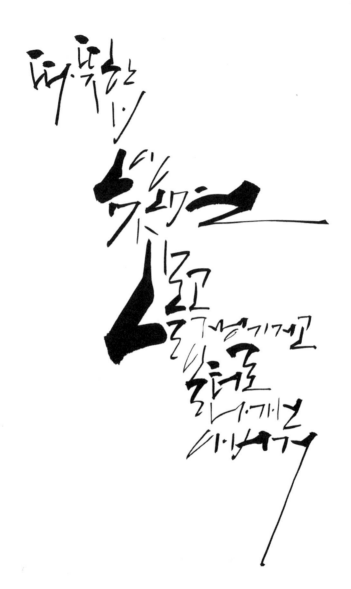

꽃

봄이 오는 길목에서
꽃이 나를 부르는 소리

경춘선 철길 따라
봄 마중 나간다

길가에 핀 노랑 민들레 꽃
샤방샤방 나를 반기네

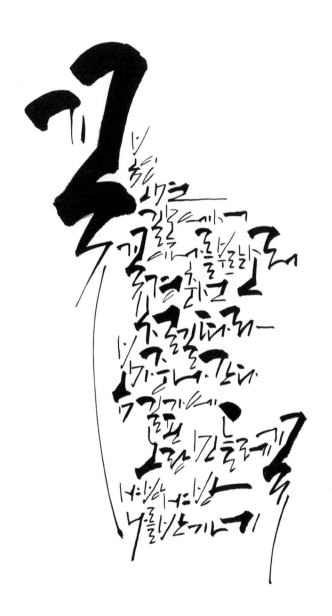

김미희

호는 '소향'으로 경북 영주에서 태어났습니다.

청량정보고등학교를 졸업하고 경민대학교 자율전공과에 재학 중인 만학도입니다.

작은 문학 공모전에서 수필과 시로 우수상을 수상했으며

자연을 벗 삼아 감상하고 시를 쓰는 일에 행복을 느끼며 살고 있습니다.

✿

구두

뜨개질

도토리묵

원피스

고목나무

냉이

비단잉어

아저씨

구두

발에 안 맞는 구두
너무 예뻐서 샀는데
결국 못 신었다

사람도 겉만 보다가
서로가 안 맞으며
창고에 들어간다

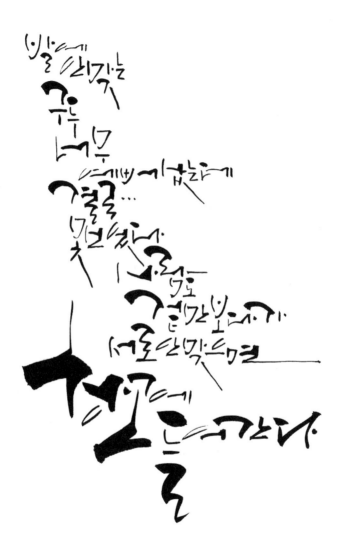

뜨개질

그런데 올케한테
뜨개질을 배워서
조끼를 한번 만들었다

나의 첫 작품

오빠는 동생의 작품을 보고
놀라워했지

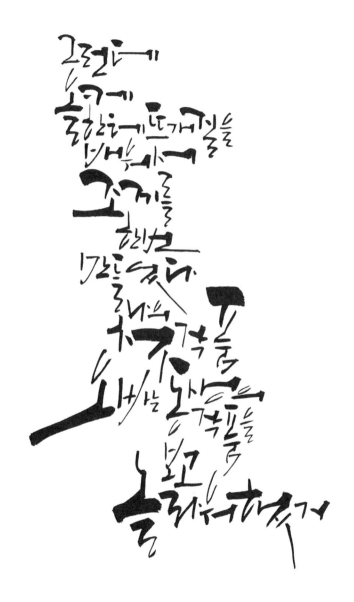

도토리묵

가을 산책길

도토리 톡톡 떨어져

주어다 묵을 만들어 보니

쓰고 별 맛이 없었다

그냥 다람쥐 먹으라고

놔둘걸

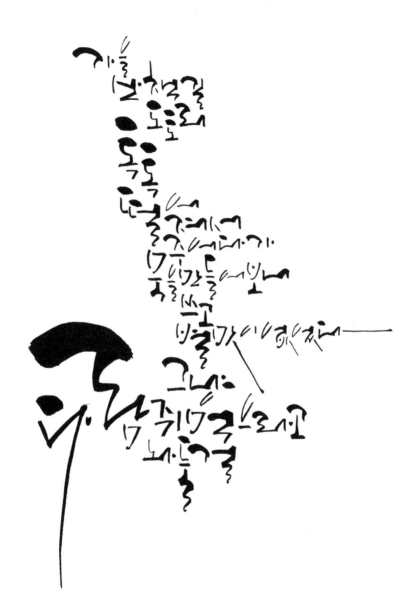

원피스

원피스는 여성스러워 자주 입어요

원피스는 여자 나이를 묻지 않아요.

세월 가도 여자인 건 어쩔 수 없나 봐요

고목나무

마을엔 한 그루의
고목나무 살고 있어

역사는 뿌리가 되고
가지마다 인생이 되었다네

냉이

봄이 되면 냉이가 반갑다

그래서 요사이 냉이가 나왔나
길을 걷다 유심히 땅을 본다

그런데 며칠 전에
정말 반가운 냉이를 만나서
한참 들여다보았다

북악에서
너를 이제
반갑나 ——
그러다가
바다이 너넘이가
나왔나
위험히
발을
본다
그런데
별밭건에가 말반에가 늘넘이를
간다
한참
늘언다
라보았다 ——

비단잉어

남산 한옥마을에 가면
비단잉어가 있다
내가 자주 가서
새우깡 과자로 먹이를 준다

그래서 내가 가면
엄마가 먹이 준다고
막 몰려온다

비망

넌는한가을에
구개위
비둘기가왔다
내가
거주개두기

과거로를
기억을줄다
그래
내가가면
넉가가기억이줄다고
간로
한다

아저씨

어릴 적
동네 아저씨들한테

아저씨 아저씨 하며
쉽게 부르고 정겨웠는데

지금은
사장님 사장님 하며
어색하게 말한다

거리가 멀어진 것일까?

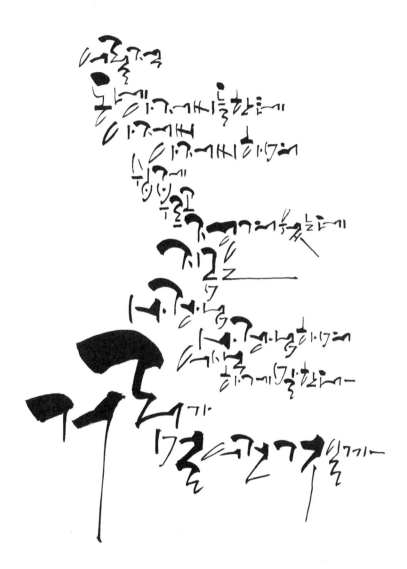

김유정

_____

호는 '소헌'이며 1962년 전남 진도에서 태어났습니다.

진형고등학교를 졸업하고 경민대학교 자율전공과에 재학 중입니다.

시를 통해 아름다운 세상 이야기를 담아내고 싶어

시 동아리 회원으로 활동하고 있습니다.

❀

생일

봄

버들강아지

고목나무

아가 발걸음

도토리묵

시들지 않는 반지

너의 눈동자

생일

고기와 미역은 넘칠지라도
딸의 생일은 언젠지
일만 하신 울 엄마

그땐 다 그랬지
쓴웃음만 지으시네

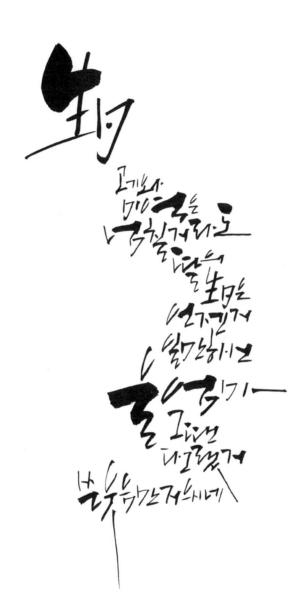

生기

고기보다
마음을
내낄거라고
너랑의 生만
얻기기
믿기하는
줄 알기가
그랬어
나·그랬어
너·봉·먹가는거·라·내

49

봄

봄은 반드시 온다 듯이
겨울은 가고
봄이 찾아오나 봅니다

험한 인생사처럼
세파를 뚫고 헤쳐 나온 새봄은
따스한 햇살이 되어

마중 나온 조그맣고 노란 산수유 꽃
그 꽃망울 속으로
봄은 달려들었다

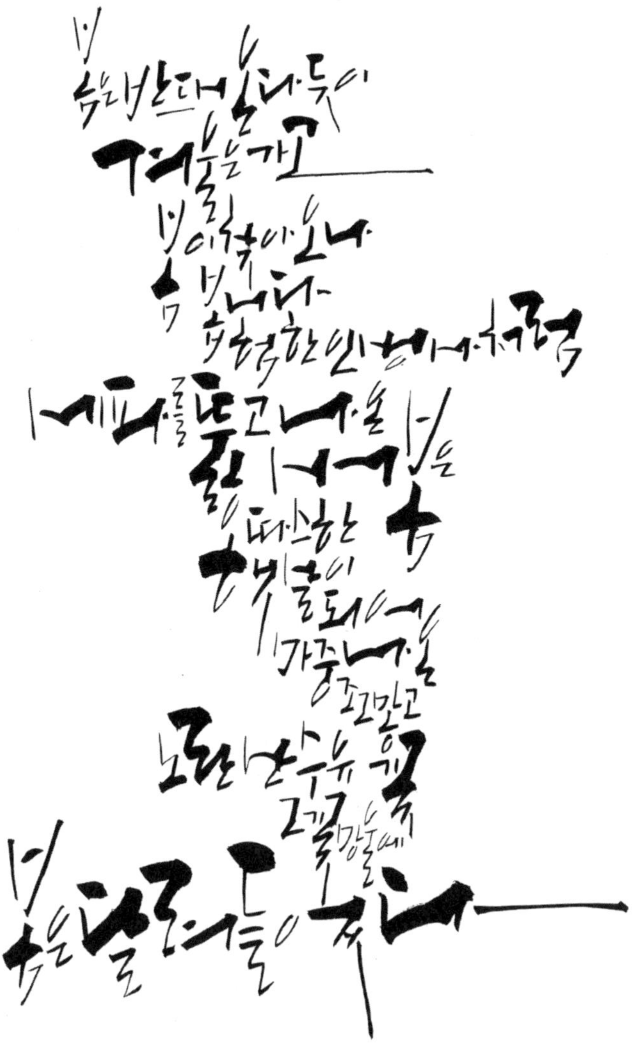

버들강아지

움츠렸던 겨울이 가고
봄을 되살아나게 한

솜털 같은 뽀송뽀송한
버들강아지는
봄 마중을 나왔네

아기 강아지처럼 생겨서
지어진 이름

참 예쁘게도 생겼구나

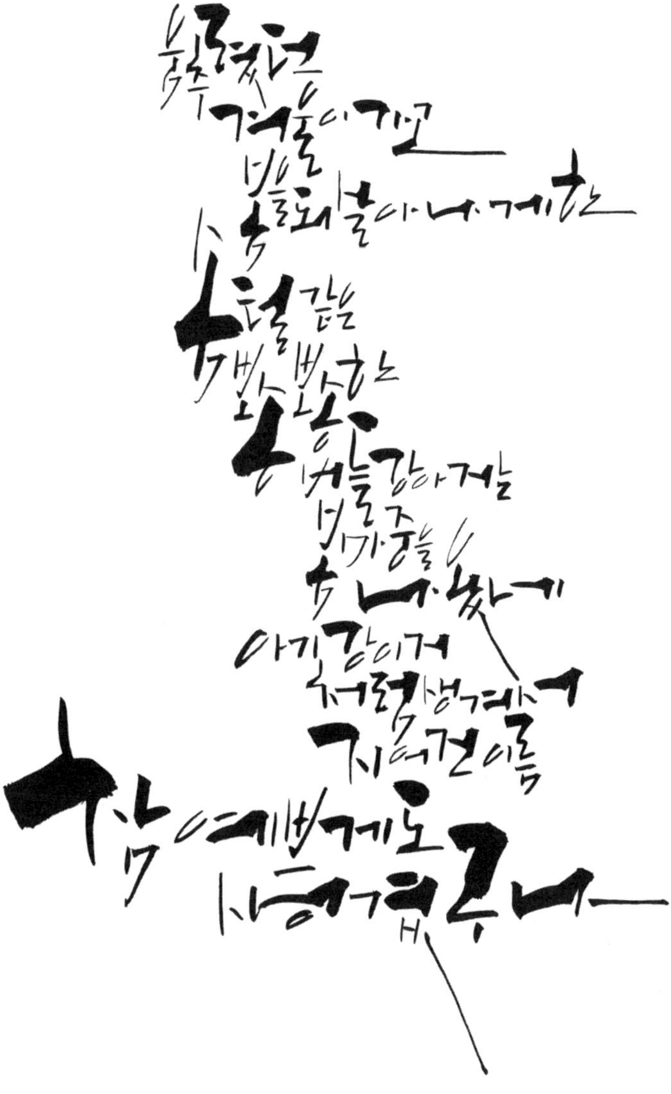

고목나무

팽나무 고목
햇볕 내리쬐는 날에도

앙상한 가지의
비바람이 불때도

팽나무 고목 아래서
쉬어가는 어릴 적 추억

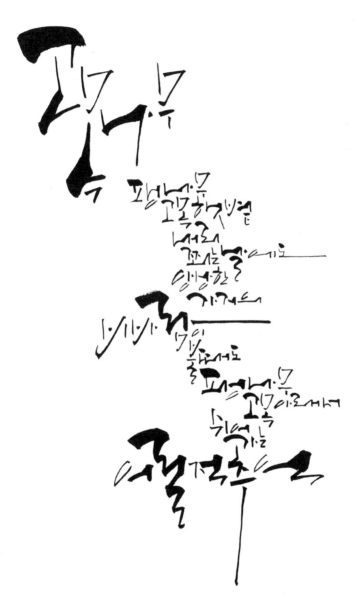

아가 발걸음

우리 아가 첫 발걸음
손 내밀며 오라 하네

두발 걸음 옆에 서서 같이 걷고
세 걸음 혼자서도 가뿐하다네

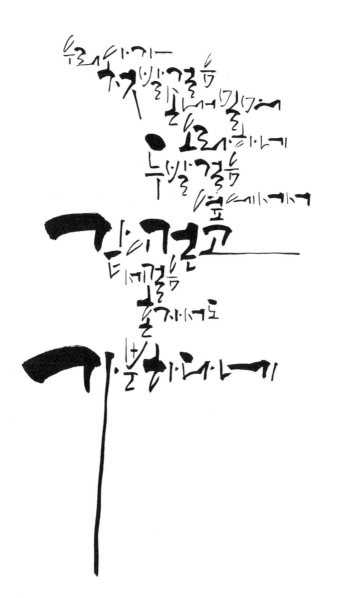

도토리묵

잘 말린 도토리 껍질 까고
곱게 빻아 만들어진 묵
한 가닥 차려진 밥상에
쫀득하고 야들야들한 도토리묵
먹고 싶은 사람 모여라

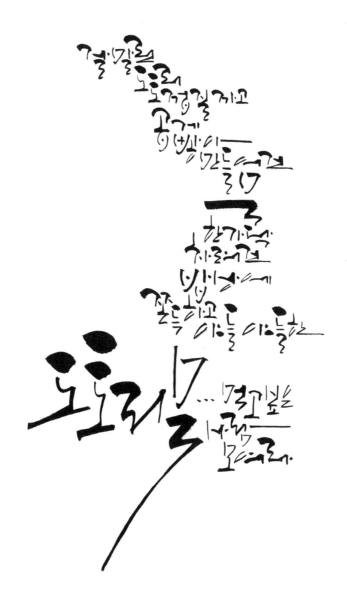

시들지 않는 반지

친구가 만들어준
풀꽃반지

꽃이 피고
세월 가도

시들지 않는
풀꽃반지

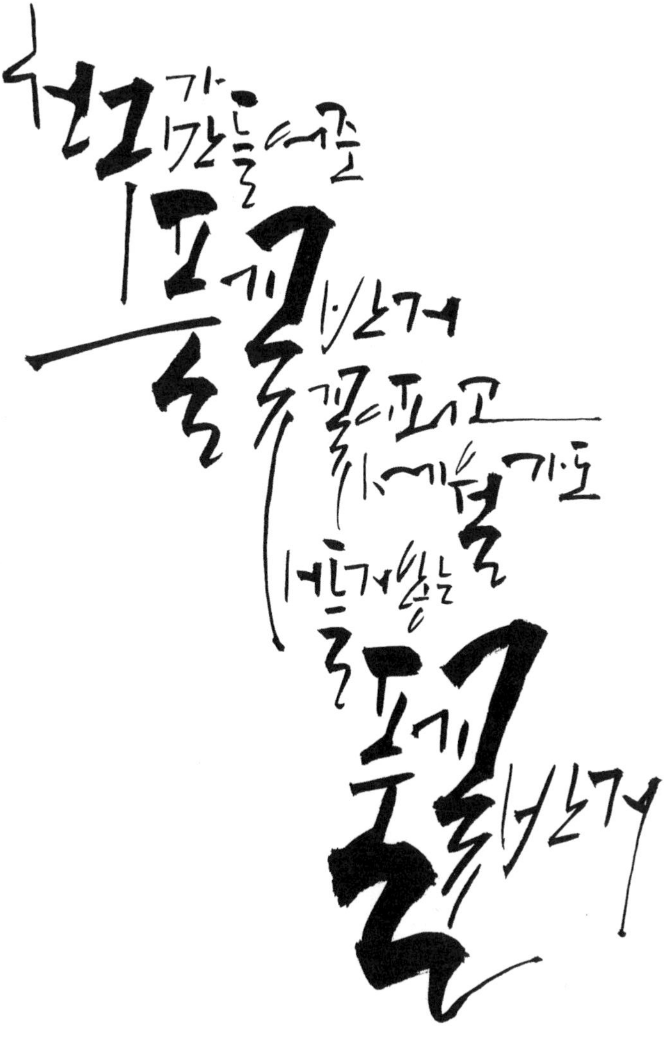

너의 눈동자

너의 눈동자
나를 그리고

나의 눈동자
너를 그릴 때

영원한 빛을
만들었다

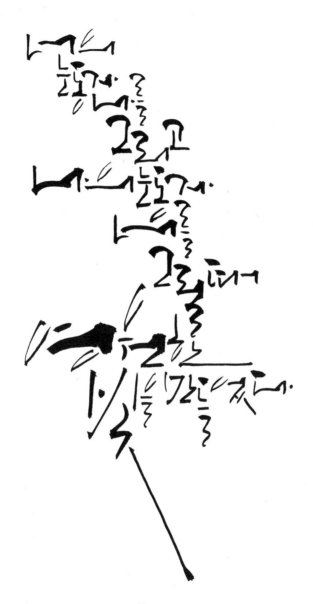

김정희

호는 '화담'으로 1954년 경북 예천에서 태어났습니다.

진형고등학교를 졸업하고 경민대학교 자율전공과에 재학 중입이다.

고교시절 제30회 서울 청소년 문예행사 서양화부문 장려상을 수상했으며

시를 배우고 캘리그래피로 표현하는 일에 행복을 느끼고 있습니다.

✿

뜨개질

고목나무

길

눈동자

카네이션

가볍게 살자

추억

사탕

뜨개질

우와
진짜 예쁘다

뜨개질한
가방을 메고
길을 나선다

고목나무

배움을 포기했던 내가
학생으로 꽃을 피우고
새 인생을 살고 있네

경민대학은 고목나무
나는 꽃

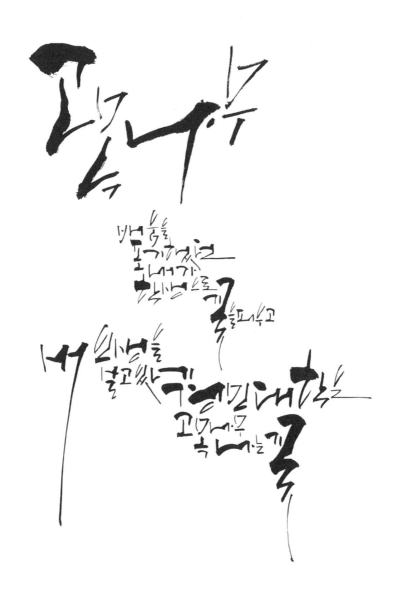

길

여러 갈래 인생길이 있었구나
어떤 길이 진정 나의 길인지

헤매다 드디어

지금 내가 걸어가는 이 길이
행복한 길이란 걸

그 내가
꺾을때가는 어떨이
사그분한
얼 수룬걸…

눈동자

내 눈과 마음속에
너의 눈동자와 너의 전부를
담고 있었구나

세월이 흐른 다고 어찌
너를 잊으리

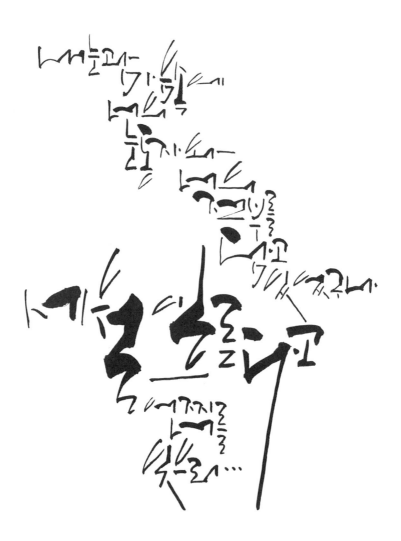

카네이션

이런저런 핑계로
지나 온 시간

그 자리에
우리 엄마 안 계시네

내 가슴에 달린 카네이션
울 엄마가 그리워라

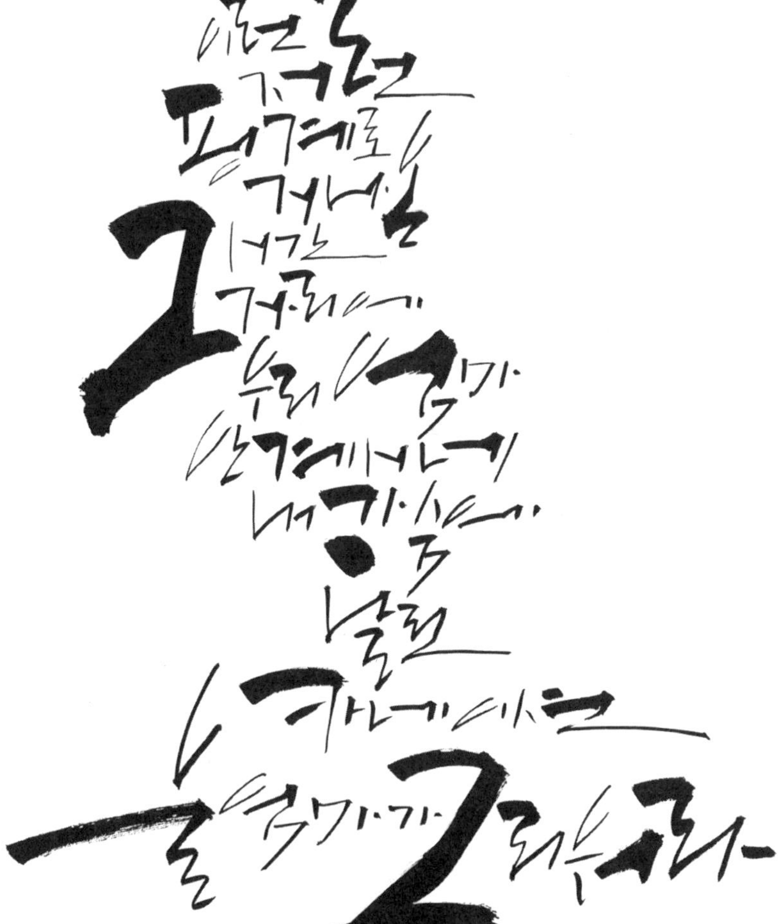

가볍게 살자

어떤 사람들은 욕심에
무거운 짐을 짊어지고
힘들어한다

가볍게 내려놓고 긍정적으로
좀 더 여유롭게 살자

그러면 삶이
행복해지더라고
말하고 싶다

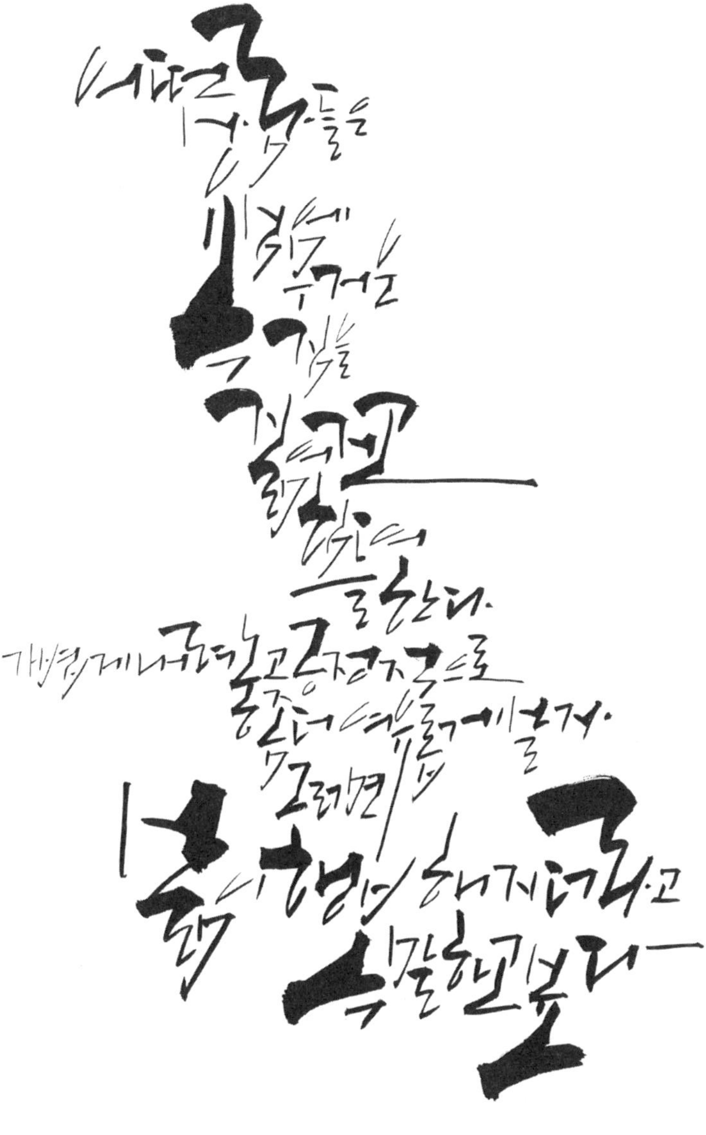

추억

수많은 추억 속에
지우고 싶은 추억

간직하고 싶은 추억 속에

그대를 조건 없이
사랑했던 것이
가장 아름다운
추억이란 걸

사탕

인생 사탕은
늘 달콤하지도
그렇다고 씁쓸하지도 않다

언젠가
달콤한 사탕 맛을 느끼려고

그냥 흘러가는 시간에
최선을 다해서 살아갈 뿐이다

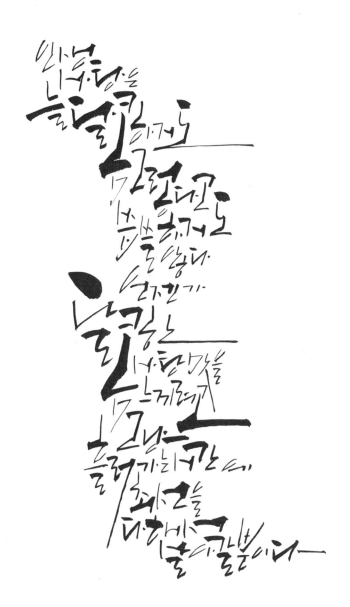

박봉흠

호는 '가현'으로 경남 밀양에서 태어났습니다.

진형고등학교를 졸업하고 22학번 경민대학교 자율전공과 재학 중입니다.

시를 사랑하고 캘리그래피를 통해 행복을 표현하고 있습니다.

❀

개나리와 물고기

비와 수제비

어머니

첫눈

잡초

식탁

늦가을

겨울

개나리와 물고기

개나리꽃 핀 언덕 아래
개울 돌 틈 딛고
작은 물고기 떼 거슬러 오르다

세상살이
그리 만만한 게 아님을 알았는지
디딤돌을 봐두었나 보다

힘을 내봐
그냥 떠내려 가지는 않을 거야

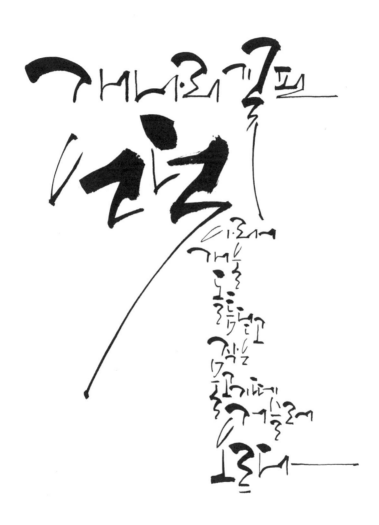

비와 수제비

부슬 부슬 봄비 내리는 날
원수가 아닌
원수 같은 사람과
마주 보고 따끈한 수제비 한 그릇

마음속 어두움은
하얀 수제비로 지워지고
행복감이 찾아든다

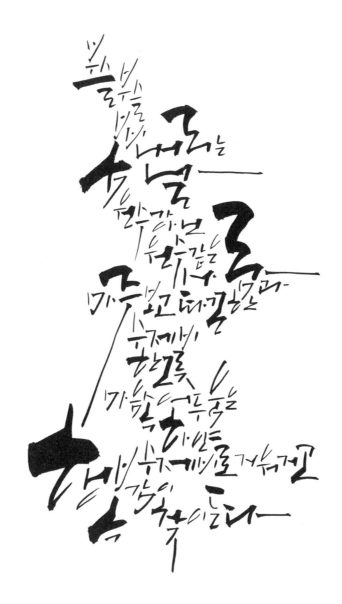

어머니

어머니!~~
당신은 언제나 내 맘속 향기입니다

당신은
나의 영원한
그리움입니다

첫눈

첫눈은 고요히 나뭇가지에
몽울 몽울 꽃동산이 되었네

내 맘도 하얀 눈꽃이 되어
야~호!

잠자던 동심이 놀라
첫눈으로
첫눈으로
내게로 와
살며시 안긴다

잡초

아무 데나 어디서나
싹을 띄우고
짓밟혀도 꿋꿋이 일어나는

폭풍우 견디고
뙤약볕에도 인내하며 꽃피우고
단단한 씨앗 맺는

언젠가 약재로 변신되어 대접받을
그날의 희망을 잃지 말아 다오

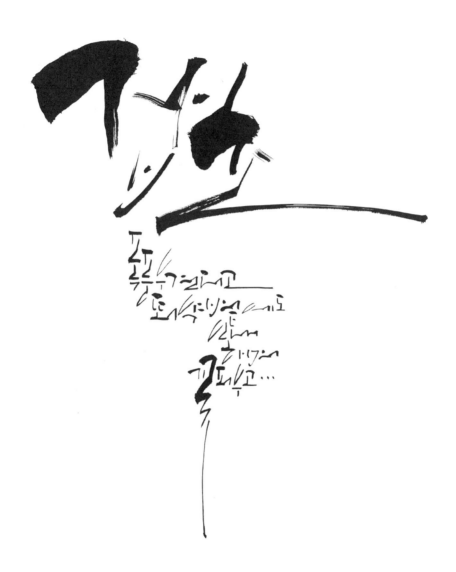

식탁

온 가족 둘러앉아 오손도손
사랑을 꽃피우는 식탁
날마다 닦고
또 닦는다

늦가을

사자평 억새풀
황금물결 이루고

얼음골 빨간
꿀사과 주렁주렁

단풍잎 곱게 물던 영남루
남천강에 달 띄우고
연인들 고요히
사랑노래 부른다

겨울

따뜻한 아랫목
옛이야기 들려주시며
화롯불에 고소한 가랫떡 구워주시던
울할머니

그립다
보고 싶다

박옥자

호는 '연향'으로 1950년 전북 남원에서 태어났습니다.

청암고등학교를 졸업 후 경민대학교 22학번 자율전공과에 재학 중입니다.

캘리그래피와 詩를 사랑하며, 기타 연주에 관심이 많습니다.

✿

달밤

버스

가벼워지자

남자

친구

아버지

나비

반지

달밤

달님은 알고 있다
연인들의 속삭임과 맹세를

먼 길 마다 않고
달려온 만남을

많은 연인의
희로애락을

버스

생각난다
동생 교복 몰래 입고
버스에 올라 두근거렸지
학생이 되고 싶어서

몇 정거장 못가
너무 부끄러워
내린 버스 정거장

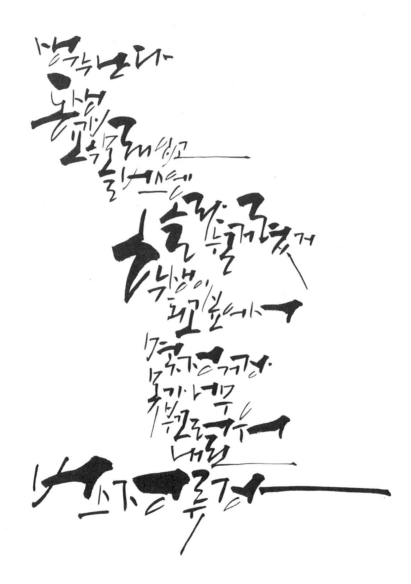

가벼워지자

지고 있던 짐
내려지니
반은 가벼워졌다

가벼워지자고
내려놓으면
또 하나의 짐이 생기는 게
인생인가

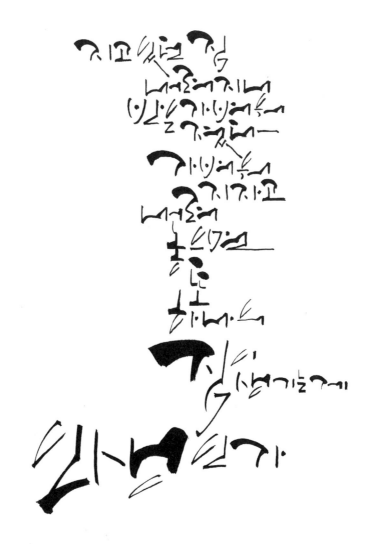

남자

작업복을 입은
거무잡잡한 남자

뭐 저렇게 생긴 남자가 있어
의아해했던 그 남자

그 남자가 내 남자 되었네
든든하고 믿음직한 나의 남자

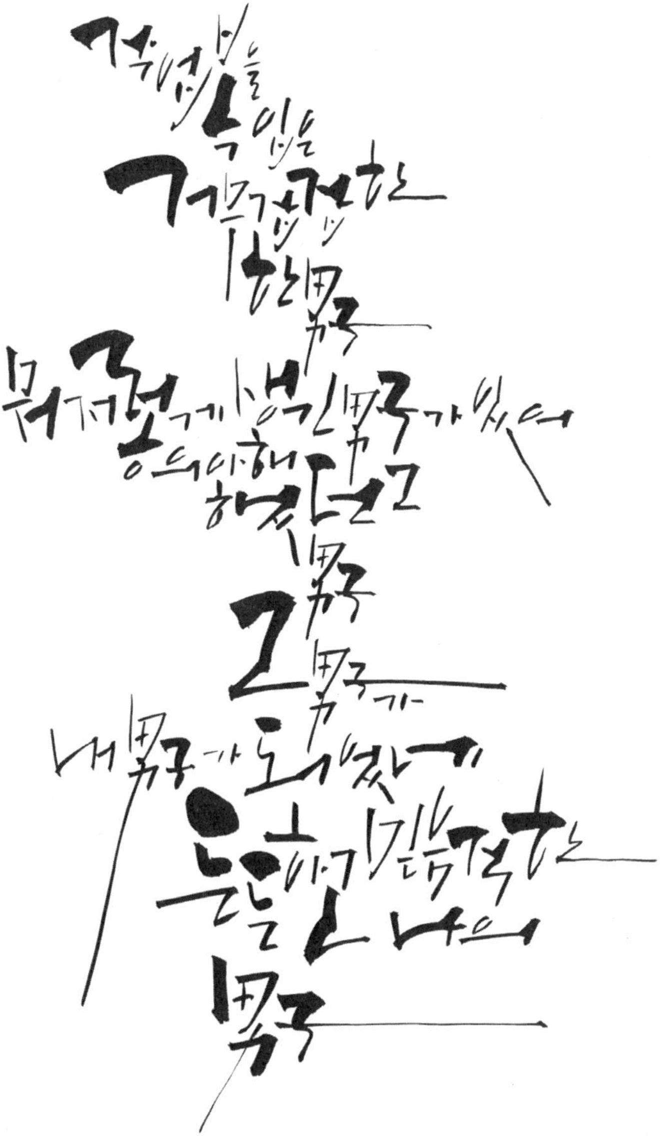

친구

너는 막걸리 한 병
나는 부침 거리 챙겨
외출할 수 없는 친구 집 찾아
현관 문새로 흘러 내보내는 소리

깔깔깔 호호호 하하하
웃음소리만 들어도 행복하다
친구는 내 인생의 엔돌핀

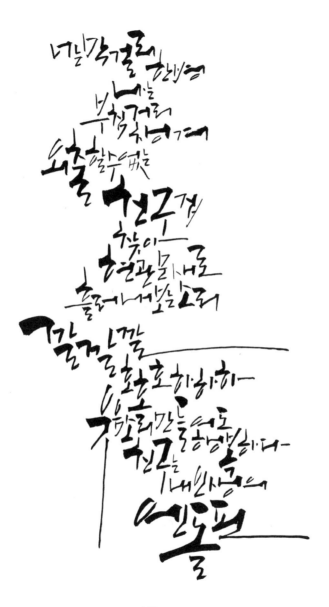

아버지

자신보다
남을 생각하는 분
12가지 직업으로
우리 엄마 고생시킨 아버지
덩달아 우리도 고생했지
과묵하시고 마음씨 착하신
아버지
사랑합니다

이별이거

저별이랑
꽃을 넘겨 하늘별
12거꺼
격별으로
우리 영까

고생하길 이거
무엇들이는
우리로
고생했거
과목하고
기쁘써
부하며 아까거

고별
하나

나비

날아 가지 마라
눈에 넣고 마음에 넣고
손끝으로 그려야 하니까

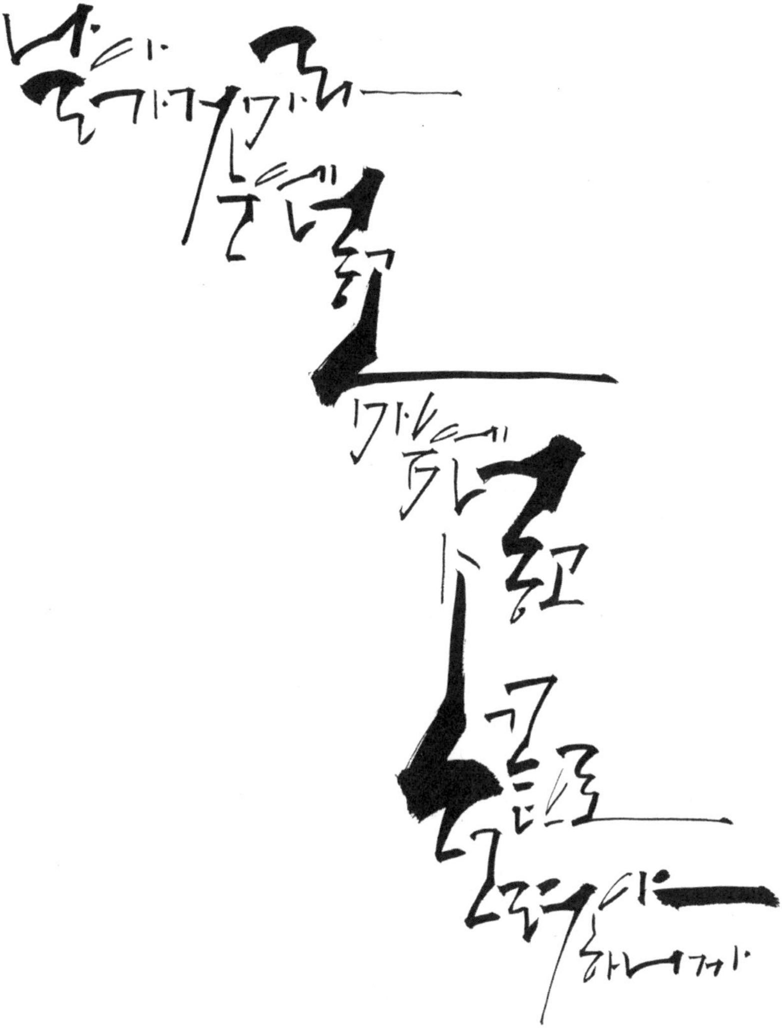

반지

꽃반지를 생각하면
미소가 지어지고

약혼반지를 생각하면
설렘의 미소가 지어지고

결혼반지를 생각하면
아득한 옛날의 미소가 지운다

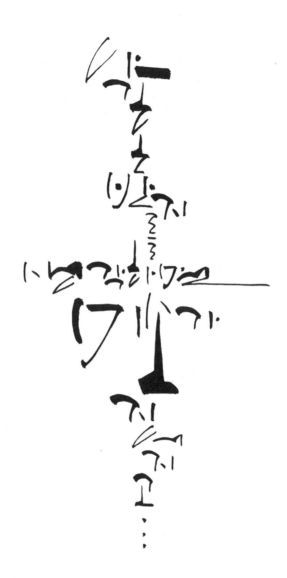

서용숙

호는 '해밀'으로 서울 동대문에서 태어났습니다.
청량정보고등학교를 졸업하고 경민대학교 자율전공과에 재학 중입니다.
2019년 토정백일장에서 '5월'이라는 시로 입선을 하기도 하였습니다.

❀

장미와 남자
비와 수제비
목련
남자와 물고기
나비
고목나무
백합꽃
씀바귀꽃

장미와 남자

어느 오월 화창한 날
멋진 남자가 빨간 장미를 한 아름 안고
아가씨에게 다가온다

그 아가씨 두근두근
황홀한 꿈이었네

아마도 빨간 장미 꽃말이
정열적 사랑이기 때문일까

누구나 한쯤 이런 꿈을 기대하며 살지
나, 그 아가씨가
너무 부럽다

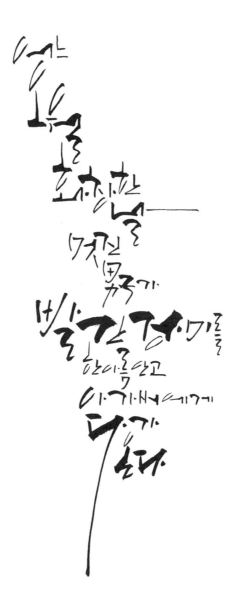

비와 수제비

창밖에 빗소리 추적추적
배는 출출 한데 밥 생각은 싫고
멸치 육수에 감자 썰어 넣고
쫄깃한 수제비
진수성찬 안 부럽네

목련

한겨울 엄동 설한을 견디고
봄소식을 알리는 봄
고고한 자태로 봄을 노래한다

모든 이에게
희망의 소식을 전하려
뿌리부터 나뭇가지마다
새순을 틔울 준비를 하네

희망이란 어쩌면
준비하는 사람에게
봄처럼 오는 것이 아닐까?

흙비가

아픈

어깨 기연

꽃비 나는

바람에게

시주를

넘겨

나볼까

남자와 물고기

고요한 밤
호숫가에 홀로 앉은 남자

낚싯대 불빛
반딧불처럼 반짝인다

고단했던 일상을
넘실대는 물결 속에 던져 버리고

잡은 물고기는 만져보고
다시 놓아준다

127

나비

산에 들에 꽃이 피면
그 향기를 맡고
벌나비가 날아든다

우리 인생도
성실과 진실의
향기를 품고 있다면
좋은 이웃과
친구가 생긴다

봄에게서 배우며 산다

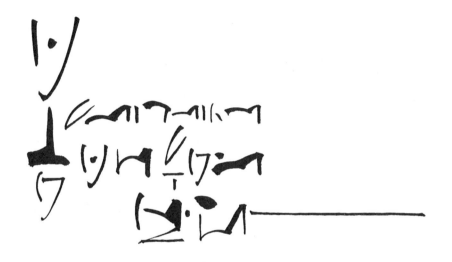

고목나무

고목나무
몸은 검어도
벚꽃만 쏟아낸다
이 봄 쏜살같이 지나가도
늙지 마라

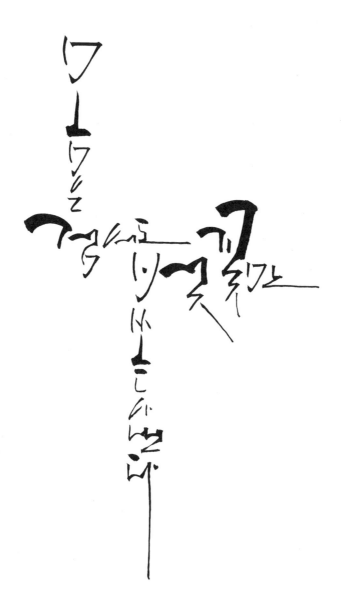

백합꽃

어디선가 달콤하고
싱그러운 내음이
미풍에 실려 온다

아~ 아~ 행복한 냄새

나의 창가에 백합 향기는
나의 심란한 마음을 달래 준다

이 향기는 하나님이
주시는 선물이다

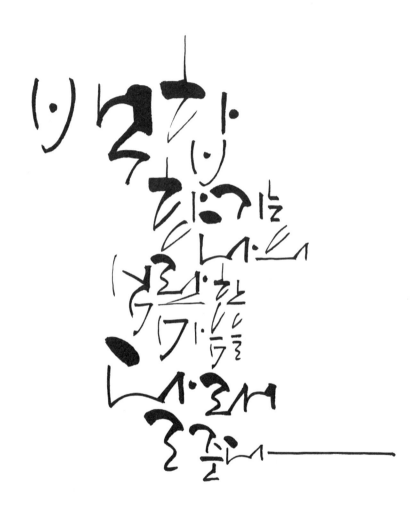

씀바귀꽃

길가에나 들에서나
먼지 매연 싫다 않고
화사하게 뭇사람을 반겨주네

등하굣길 노랑꽃을
내 눈에 담아 보는 씀바귀꽃

돌보는 이 없어도
예쁘게 소박하게 피었네

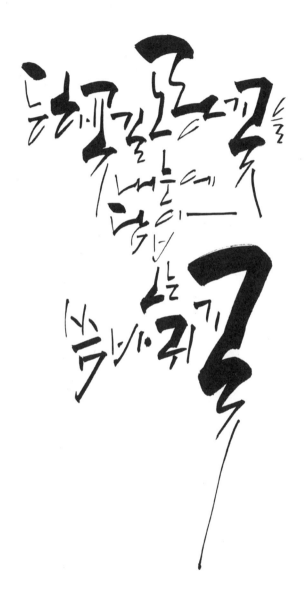

손명순

호는 '혜겸'으로 1950년 서울 종로에서 태어났습니다.

청량정보고등학교를 졸업하고 경민대학교 자율전공과에 재학 중입니다.

서울시 문해골든벨 최우수상, 고교 시절 교내 각종 문예대회에서 최우수상 등 수상하였고,

캘리그래피와 시 쓰기를 좋아하여 시 동아리 회원으로 활동하며

인생에서 가장 행복한 시절을 보내고 있습니다.

❀

장미와 남자
물고기
나비와 아기
뜨개질
소나무
고목나무
달밤
나라 사랑

장미와 남자

한 남자 꽃집을 기웃기웃
장미 한 다발 사들고
집안에 들어서며
여인을 부른다

장미꽃 다발 내밀며
쑥스러워 멋쩍은 웃음
무뚝뚝한 양반
얼마나 망설였을까
그 마음 알기에 받아들고
촉촉이 젖은 얼굴

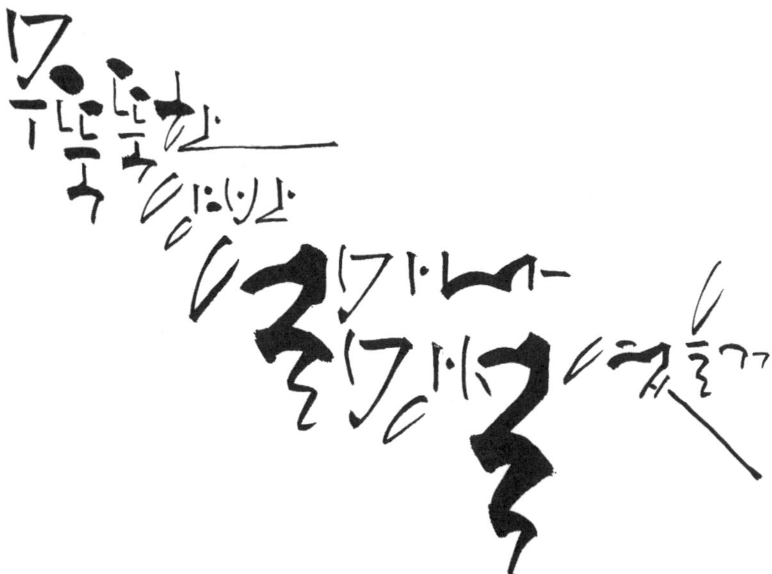

물고기

어항 속 물고기
산호 수풀 사이로 살랑살랑

누구를 홀리려고
저리 바삐 움직일까

나는 이미 너에게 빠졌는데

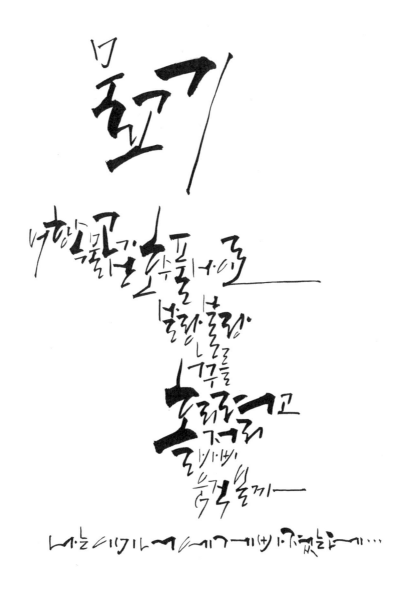

나비와 아기

나비 봄바람에
노랗게 나비 태어나

아장아장 아가 발걸음
날개 커지면

나비 잡고 싶은 아가
손끝으로 춤추게 하네

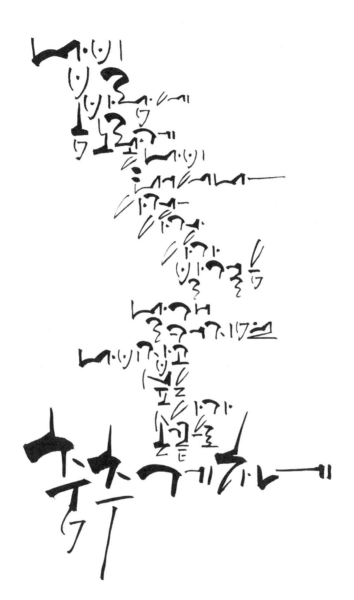

뜨개질

대나무 빗자루 마디 잘라
바늘 만들어 장갑 뜬다고
너도나도 누구 것이 예쁜가
처음 잡아본 뜨개질

이제는 그리운
옛 추억만 뜨고 있네

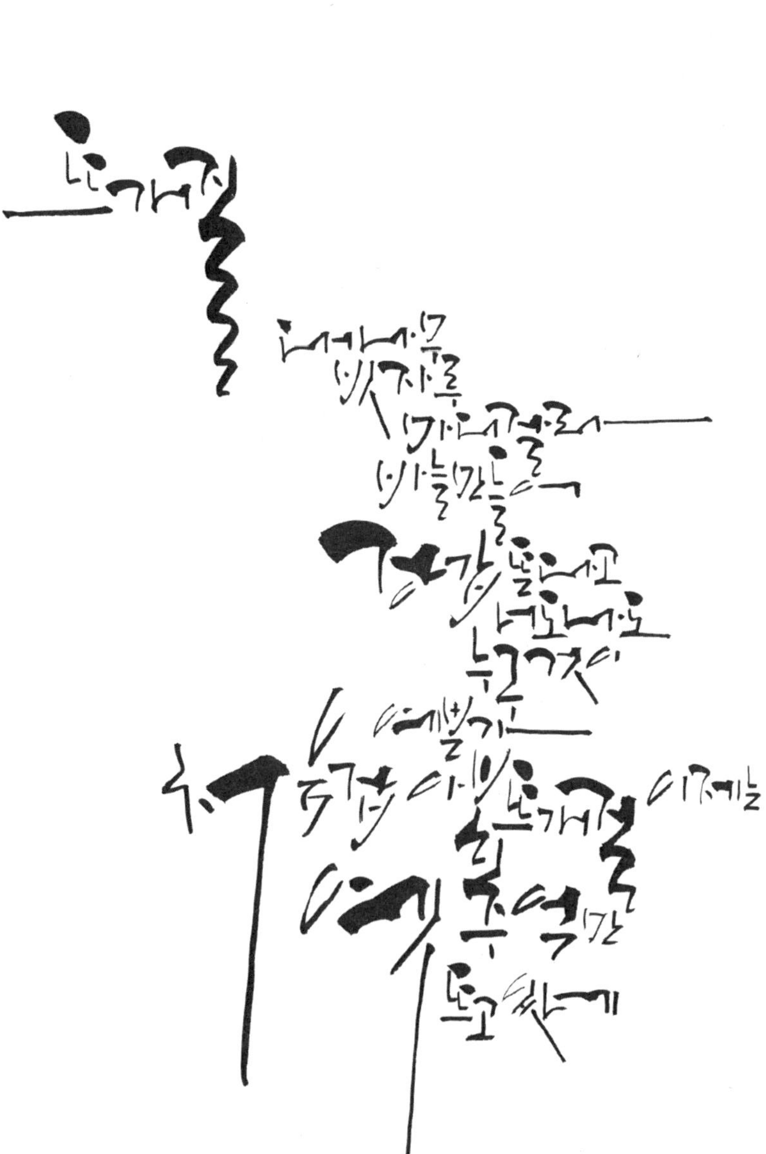

소나무

너의 푸른빛은
피로에 지친
우리의 눈을 풀어주고

너의 향기로
우리의 머릿속을 맑게 해주며

너희들의 군락지
고고한 자태는
우리의 마음을 빼앗아 버리는구나

고목나무

모진 비바람 맞아가며
꿋꿋하게 자리 잡아
할 일 다하고 고목이 되어

쓰러지면서 마지막까지
거름이 되어주는
고목나무

149

달밤

달 밝은 밤
조용히 길을 걸으며

그림자 친구 삼아
노래를 불러본다

혼자의 독 무대
들어주는 사람 없어도

나에게 박수 치며
행복을 노래한다

151

나라 사랑

공공질서
운전 조심 불조심
우리 강산 푸르게 가꾸고
잘 지키면서 살아가는 내가
애국자입니다

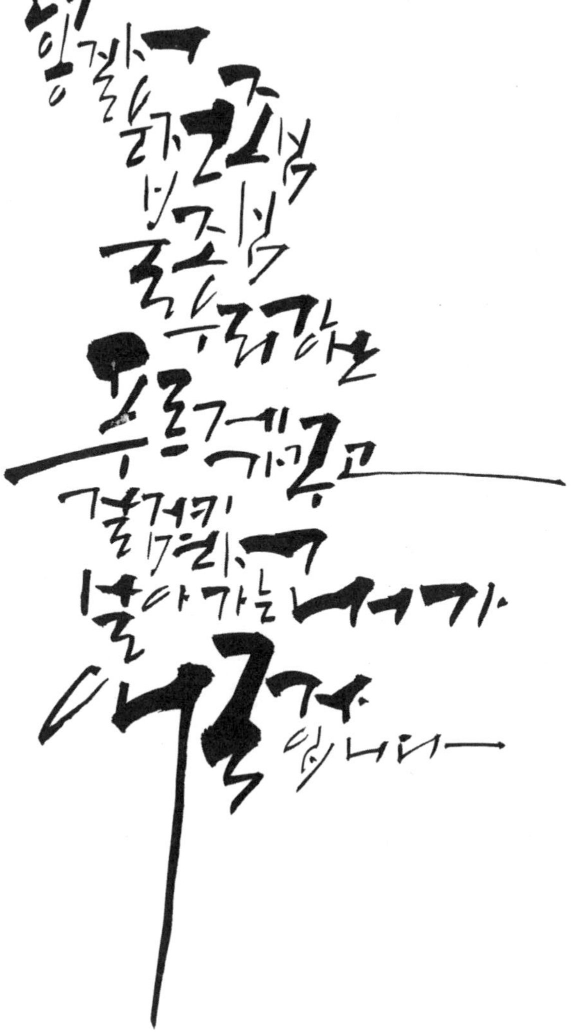

안건희

호는 '덕원'으로 1959년 동두천에서 태어났습니다.

청암고등학교를 졸업하고 경민대학교 자율전공과에 재학 중입니다.

마음이 안정되고 편안해지는 시와 캘리그래피를 사랑합니다.

❀

수제비

목련

엄마 집

뜨개질

바람

생일

아저씨

커피

수제비

수제비 띄어 고추장 한 스푼 풀고
땀 뻘뻘 흘리며 먹다 보니
돌아가신 아버지 생각나네

조금만 매워도 땀 흘리시던 아버지
어느새 내가 아버지 나이 되었네
아버지 수제비 드시고 싶으세요?

목련

벌써 봄
나는 봄을 보고
봄은 나를 보네

봄은 목련도 피워내고
목련도 봄을 보겠지

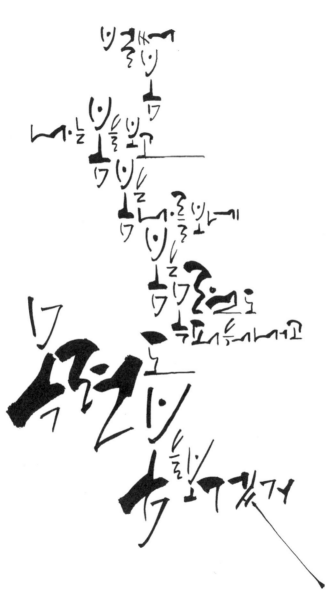

159

엄마 집

엄마의 숨결이
새까만 씨앗처럼
배여있는 집

엄마는 이 집을 두고
어디로 가셨어요?

뜨개질

처음 떠보는 수세미

예쁜 실에 반해
하루 종일 씨름하다
완성했네

이뻐서
못쓰겠다

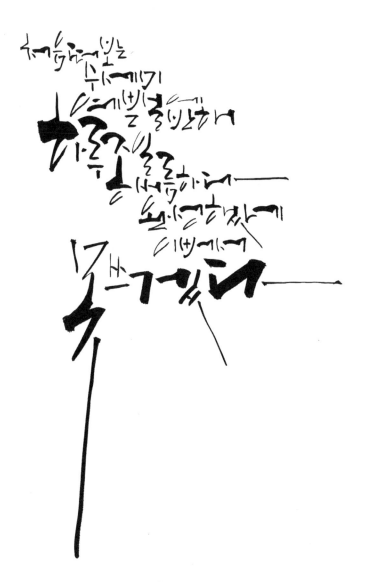

바람

바람이 말하네
남쪽 바람의 숨결이
부드러워졌다고

곧 내가 있는 북쪽에도
부드럽고 달콤한 바람이
가는 중이라고
기다려달라 하네

그렇게 봄이 흐르네

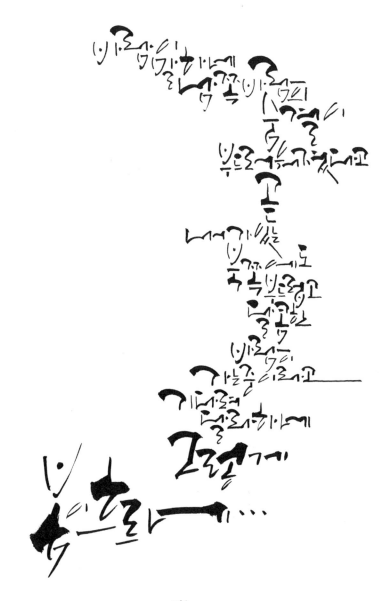

생일

어려운 울 엄마
때마다 차려준 생일상

나이 들어
남편이 차려주는 생일상

이만하면
잘 살고 있는 건가

사랑

영원은
꽃 향기
드리기나
가꾸어준
사랑일까

남이
그 꽃향기
가꾸어준
사랑일까
이만큼

피우고 있는건가

아저씨

머리 자르고 염색하고
가만히 거울을 보니

이런
거울 속에 아저씨
한 분 계시네

하하하
아저씨 생각에
웃어봅니다

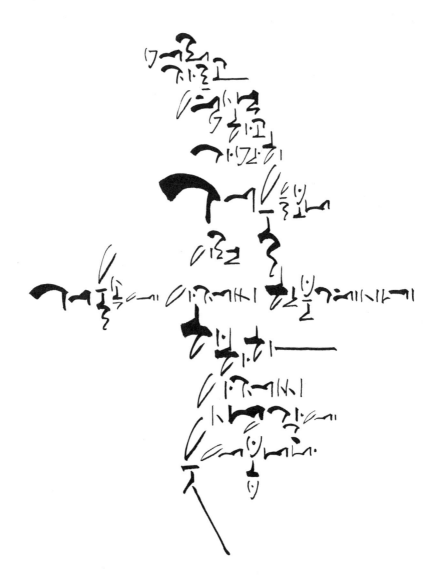

커피

한 잔의 좋은 커피는
존중하는 마음에서
훌륭한 손님 앞에서
비로소 완성된다

오정덕

_____

호는 '명현'으로 1948년 전남 광주에서 태어났습니다.

청량정보고등학교를 졸업하고 경민대학교 자율진공과에 재학 중입니다.

시를 무척 좋아해서 시를 쓰고 표현하는 것에 행복을 느끼고 있습니다.

❀

구두
잠자리
고목나무
개나리와 물고기
끝사랑
술
아버지
새해 첫 아침

구두

맘보바지 미니스커트에
뾰족구두 신고 다니던
철없던 나
아버지 넘어 질까
걱정하셨지

걱정 마세요
지금 이 나이에도
끄떡없어요

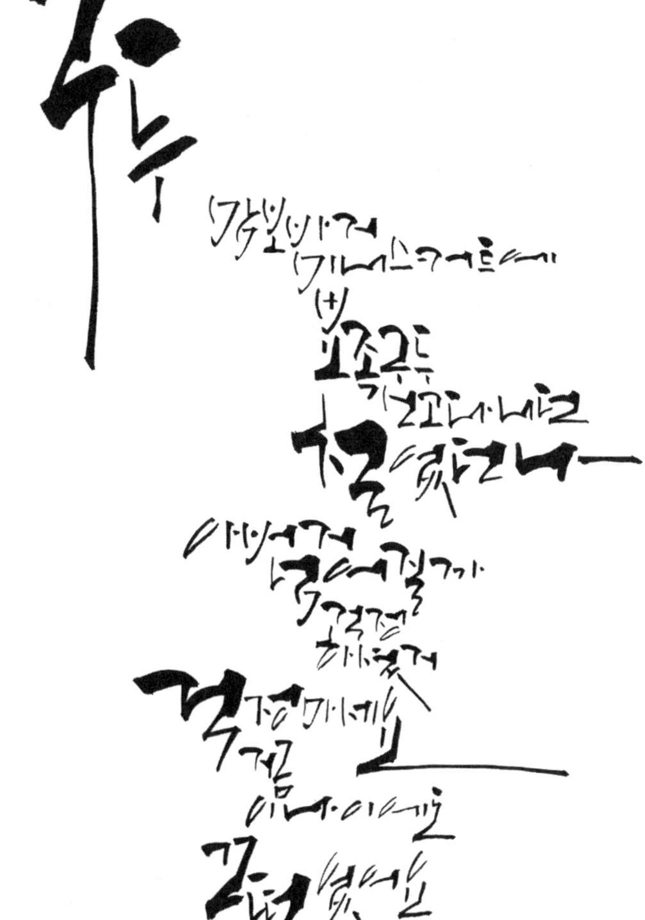

잠자리

고추잠자리 날다 힘이 들면
나뭇가지에 앉아
무얼 생각할까

가을 황금벌판에 서있는
허수아비 생각할까

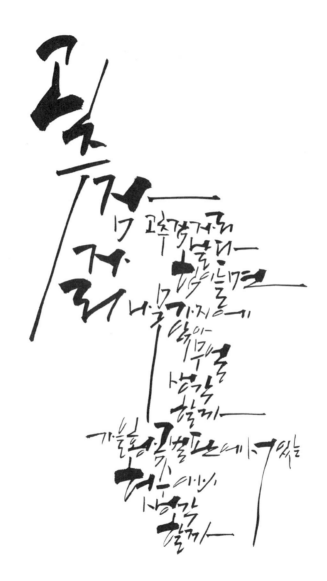

고목나무

아버지 두 팔에
육남매 행복했습니다

우리를 지켜주신
고마우신 아버지

당신은 우리의
고목이십니다

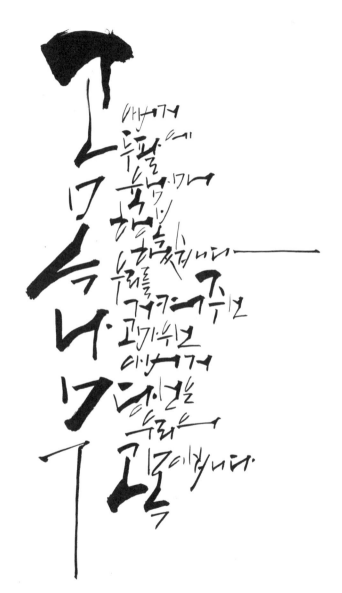

개나리와 물고기

냇가에 가고 싶다
어린 시절 바지 걷어 올리고
쫓아다녀도 잡히지 않는 송사리

언덕에 올라
개나리꽃 눈 마춤하다
그만 송사리를 놓쳤네
아! 그 시절 그리워

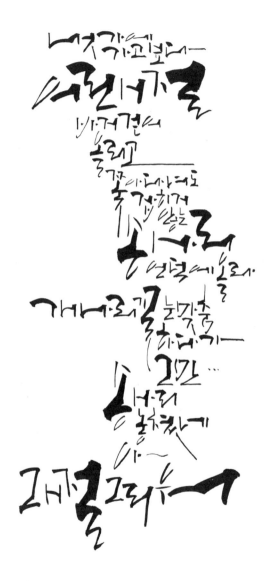

끝사랑

감나무에 매달린
빨간 홍시 하나

끝사랑을 기다리는
나인데…

술

좁은 논길
벼 베는 아버지

가는 길에
막걸리 주전자 입에 대고
한 모금 적어져서 죄송해요

그때 먹었던 막걸리
최고의 술이네

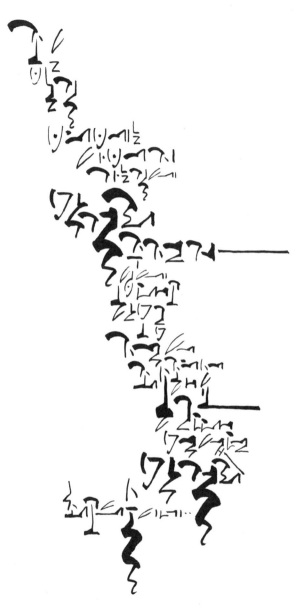

아버지

가을 재촉하는
빨간 고추잠자리

누렇게 익어
인사하는 벼 이삭
가을바람 살랑 살랑
벼 이삭 춤을 추고

흔들리는 물결 속에
아버지 생각나네

하얀 쌀밥처럼
든든했던 나의 아버지

새해 첫 아침

새벽의 차가운 바람
아차산 해 맞이 마중 나가네

하얀 구름 사이로
붉은 해가 힘차게 솟아오르네

겨울의 차가운
공기를 마시며 기뻐하는 모습

누가 먼저 할 것 없이
자기의 소원을 비네

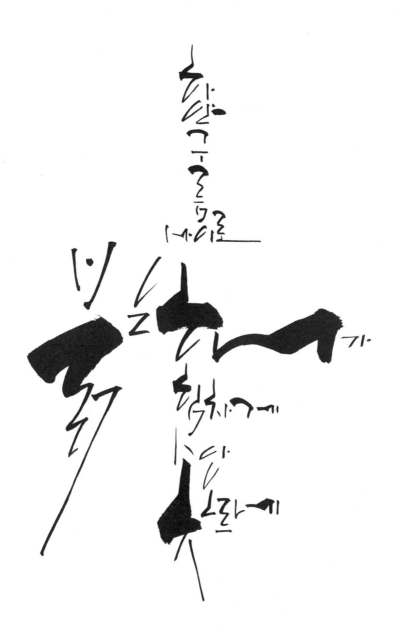

윤점덕

호는 '서율'으로 1955년 황금 들판이 펼쳐진 전북 김제에서 태어났습니다.
청암고등학교 졸업 후 경민대학교를 입학하여 청목캘리그라피를 접하고
멋있는 캘리로 좋아하는 시를 쓸 수 있는 꿈을 키워 나가고 있습니다.

❀

빈 의자
고향 생각
엄마
개나리와 물고기
원피스
가방
고목나무
장미와 남자

빈 의자

손 때 묻은 빈 의자 있었네

휴식과 여유로움으로
내 마음에도 누군가가 들어와
편하게 쉬어 가라며

빈 의자 하나 놓았네

고향 생각

산모퉁이 돌아서 오는
기차소리 들으며 아침을 연다

쑥 캐어 담아놓고
철길 위에 피어오르는 아지랑이 잡으려고
살금살금 다가가다
깔깔깔 함께 웃던 소꿉친구들

가을바람 벼 이삭 흔드니
사사삭 사사삭 소리에
노래를 부르는 코스모스

어딘가 숨어 있을 그림 같은 내 고향

엄마

친정엄마 종갓집 며느리 오늘도 이웃에 제사 음식 나누시네,
시룻가에 묻은 질퍽한 부스러기 떡. 그래도 조상님이 드시던
목기의 떡 한 접시 남았네. 우리 엄마 불룩한 배 아이 가진
아주머니 반기네 밥을 먹여 보낸 후 아이를 가진 사람
그냥 보내면 용마루도 돌아앉는다 하시네.
더운 여름 함지박 머리에 이고 들어오는 생선 장수 아줌마
떨이 좀 해주세요. 생선 받아놓고 밥은 먹었는가 물으시네.
추운 저녁 대문 열리는 소리에 나병환자 왔다 하시며
남은 밥 없으니 할머니 아버지 어머니 밥 한술식 덜어
한 그릇 만들어 날 보고 가져다 주라 하시네.
엄마 당신이 행하신 그 모습 되새겨 보며
저도 엄마를 닮아가려 합니다.
사랑하는 엄마.
엄마가 저의 엄마라서 감사합니다.

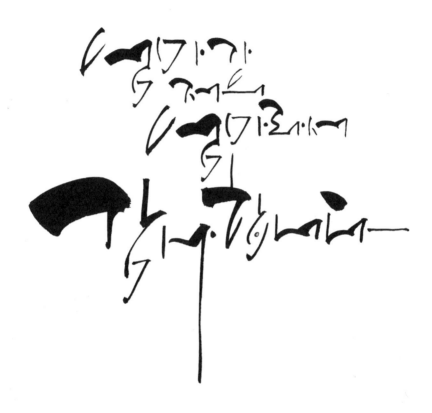

개나리와 물고기

개천가 둑에 늘어져 핀
노오란 개나리꽃

무리 지어 노는 물고기를 바라보다

개나리꽃 살짝 내려앉으니
깜짝 놀라 물고기들 사라지고

떨어진 개나리꽃 따라가며
뻐끔뻐끔 입맞춤하네

개천가를 늘 넘는 가늘은 노오란 개나리꽃

원피스

하늘거리는 원피스
뾰쪽 구두 신고
하늘을 날 것 같았던 그 시절
어디로 갔나

201

가방

낡고 늘어진 책가방 속에는
과거와 현재 미래의 소중함이 들어있어

내 마음이
내 생각이
행복이지

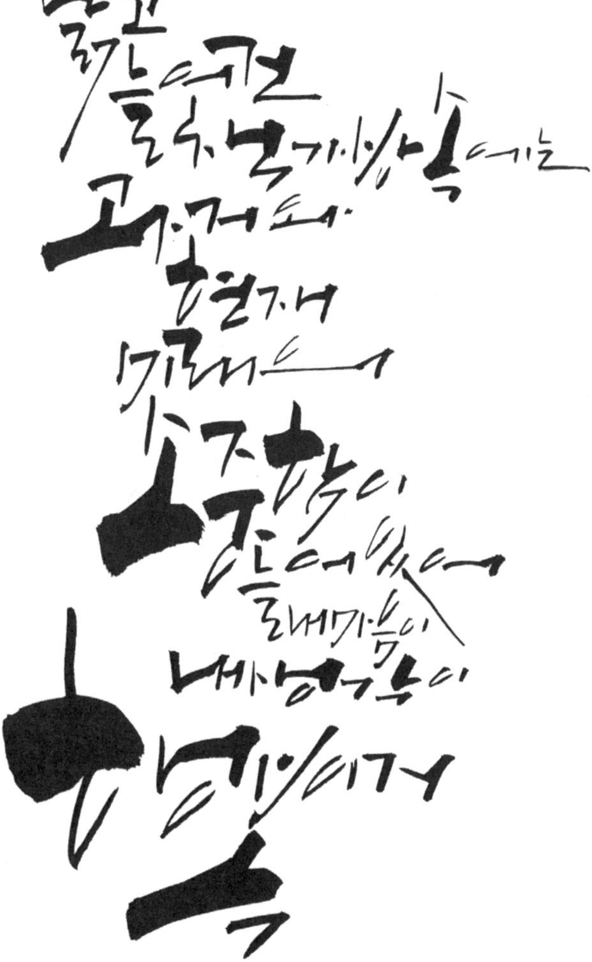

고목나무

얼음같이 차가운
마음을 녹이고
실처럼 가는
한 줄기 훈풍이 커지는
푸른 심장 소리
나의 고목이여

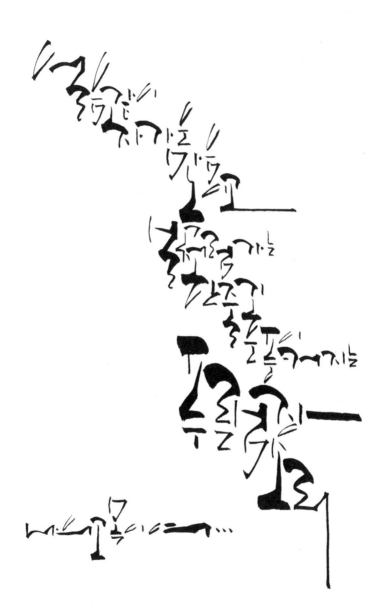

장미와 남자

장미와 남자는 사랑을 한다
둘은 꼭 안았다 너무 아프다

둘은 아프지 않을 방법을 찾았다
장미는 가시를 부드럽게
남자는 힘을 약하게
장미와 남자는 아프지 않는 사랑을 한다

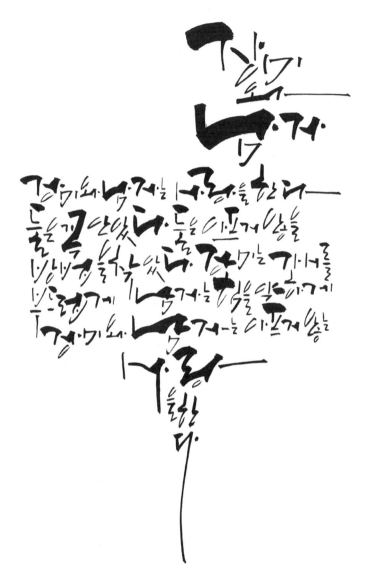

이희경

———

호는 '혜진'으로 1955년 서울시 후암동에서 태어났습니다.

청암고등학교 졸업하고 경민대학교 자율전공과에 재학 중입니다.

교내 백일장에서 우수상을 수상했으며,

자연과 사람, 따뜻한 시를 좋아하고 캘리그래피로 표현하는 것에 도전하고 있습니다.

❀

구두
엄마 손
아저씨
장미와 남자
나비
늦가을
잡초
고목나무

구두

현관 앞 아버지 구두
새벽 공기 마시며
시작된 발 걸음

지친 발걸음
집으로 돌아온
아버지 구두에
달빛이 환하네

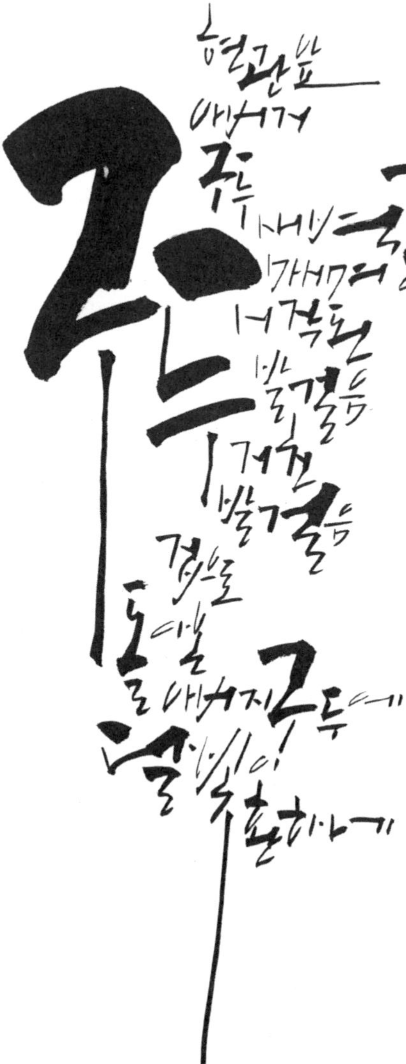

엄마 손

우울한 날 엄마 손잡고
소리 내어 울고 싶어지네

나에 등을 토닥토닥
감당 못할 사랑의 기쁨으로

잘 살아야 한다 하시며
손을 감싸 기도해 주시네

아저씨

동네에서는 아저씨를
사장님이라 부르신다
사장은 무슨 사장
아저씨라고 부르시오 한다

바람처럼 구름처럼
동네와 시장을 떠돌다 보니
아직 동네에서조차
이름을 얻지 못한 나를
아저씨라고 불러달라 하시네
아저씨
너도 좋고 나도 좋다
아저씨라는 단어가 하하

장미와 남자

화원에 가득한 꽃
수많은 사람들 오고 가고
나의 마음도 꽃 가까이

그리운 친구 생각나
장미 한 다발 장미 한 송이
그 남자 친구에게
행복을 전하고 싶다

나비

나비야 이리 날아오너라
어릴 적 많이 불렀던 노래
봄이면 꽃밭에 많이 날던 나비

언제부터인지
나비 보기가 쉽지 않네요
나비공원 나비박물관
봄은 오는데 나비들은 어디에

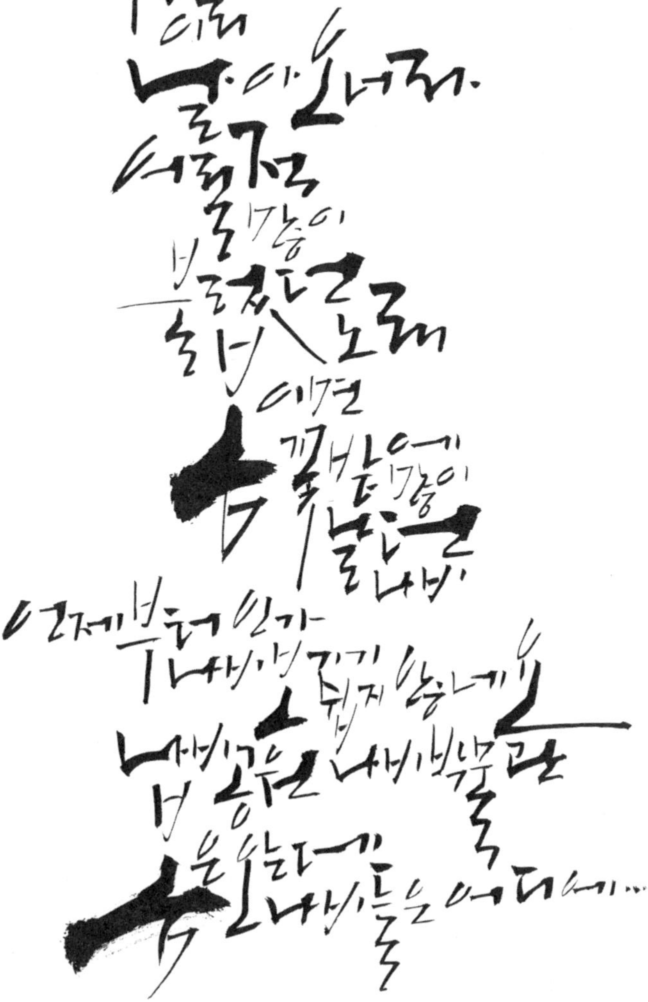
나비야 이리 날아 오너라.
언제부터인가
나비들은 어디에…

늦가을

외로움과 그리움이 나를 흔드네
적적하던 세월도
낙엽에 묻혀 떨어지니
적막에 젖어보니 내가 보이고
마음까지도 헤아려보는
늦가을이어라

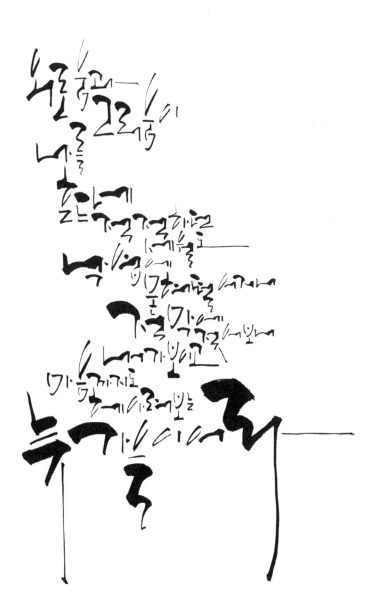

잡초

잡초가 움 틔울 땐
누가 반가워하지 않아도
우린 서로를 알아보았지

잡초야
나랑 친구되어
모진 세월
잘 살아 보자꾸나

꽃이 피었다가 질 때면
한 두 개
반개 흔하게 많이고
우리
꿈을 살아보았거
꽃이
나랑한구들에
모긴에서
굴볼아보게꾸나

고목나무

커다란 고목나무를 본다는 건
훌륭한 업적을 이뤄낼
자식이 태어난다는
어머님 말씀이 생각나네

에그 이제 와
그런 꿈꾸면 어쩌나?

커다란
고래와 무를
늘 보러 날그
훌훌한 영적을
이름이네
저녁이 데 시난다는
시기격 말쑥이
발각—
나네
세그
이게요

그런꿈 꾸기면 시자거니——

천혜숙

호는 '조설'으로 1958년 인천 부평에서 태어났습니다.

청암고등학교를 졸업하고 경민대학교 자율전공과에 재학 중인 만학도입니다.

시를 좋아해서 '서혜정 시 낭송반' 과정을 수료하고

시 낭송에 대한 꿈을 가지고 있습니다.

✿

생일
구두
여름이 오면
뜨개질
가을하늘
도토리묵

생일

내가 태어난 날
나의 의지가 아닌
사랑하는 이의 분신

그러므로 나의 삶이
시작되는 날

미래의 나의 삶이
시작되는 날

미래의 나의 삶이
어찌 전개될지 누구도
예측할 수 없는 날들을 맞이하는 날

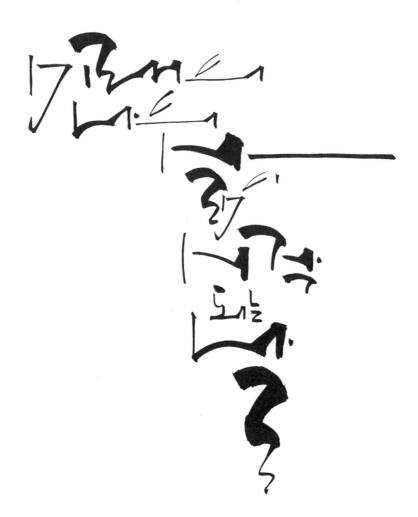

구두

여름은 여름대로
겨울은 겨울대로
자기를 희생한다

어떤 것은 속살이 너덜너덜
어떤 것은 발바닥 굽이 떨어지 나가고

버려져야 할 자기의
운명을 숙명처럼
생각하는 듯

231

여름이 오면

여름 뜨거운 태양은
봄에 피어나는 아름다운
꽃들을 뒤로 밀어내고

세상의 이치대로
자기 몫을 감당하려는 태양

이곳저곳 제 몸을 불사르며
필요한 곳에
빛으로 승화한다

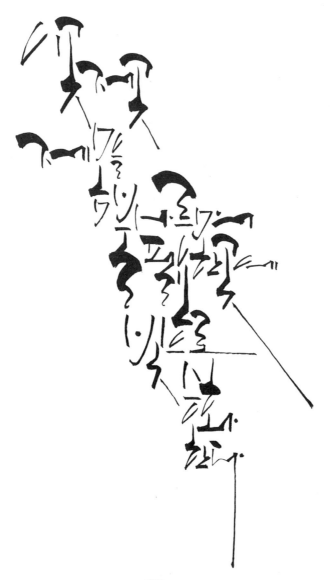

233

뜨개질

세월이 흐르듯 실타래 풀어감고
세월을 세듯 한 올 한 올
모양을 만들어간다.

예쁜 딸을 위해
뜨개질하는 며느리
오늘일까 내일일까
끝을 맺어가는 뜨개질

그 모습이 너무나 아름다워
흐뭇함으로 함께
세월을 센다.

235

가을하늘

저 높은 곳에
하얀 솜 둥실 띄운 파란 가을 하늘
널 바라보면 그냥 마음이 편하다

몸은 비록 땅을 밟고 있지만
내 마음은 문득 한 점 구름이 된다

내 영혼 유유자적
저 구름에 맘 싣고
너랑 함께 놀고파라

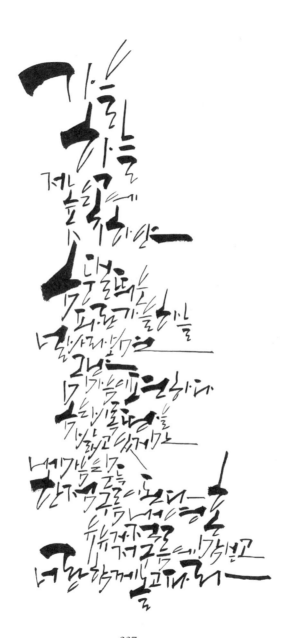

도토리묵

숲길을 걸을 때 톡톡
소리 내며 떨어진
도토리 사각사각 밟히는
나뭇잎 사이로

꼬깔모자를 예쁘게 쓰고
뽐을 내던 도토리
누군지도 모를 손에 들려간다

누군가에 의해 가루가 되고
누군가에 의해 묵이 되어
생명을 이어나가게 한다.

239

2023 시와 함께하는
청목캘리그라피 표현과 조화

초판 1쇄 발행 2023년 6월 21일

저　자　　　김상돈
펴낸이　　　김왕기
편집부　　　원선화, 김한솔
디자인　　　푸른영토 디자인실

펴낸곳　　　**푸른e미디어**
　　　　　주소　　　경기도 고양시 일산동구 장항동 865 코오롱레이크폴리스1차 A동 908호.
　　　　　전화　　　전화 | 031-925-2327 · 팩스 | 031-925-2328
　　　　　등록번호　제2005-24호.(2005년 4월 15일)
　　　　　홈페이지　www.blueterritory.com
　　　　　전자우편　book@blueterritory.com

ISBN 979-11-88287-94-9　13610
ⓒ김상돈, 2023